AF356682

VENTE

du Lundi 19 Février 1912

HOTEL DROUOT, SALLE N° 1

A 2 HEURES

EXPOSITION PUBLIQUE

Le Dimanche 18 Février 1912

DE 2 H. A 5 H. ½

OBJETS D'ART

DE L'ORIENT

Laques - Armes - Faïences - Fers

Manuscrits avec Miniatures

PRÉCIEUX TAPIS DE PRIÈRE

de Mosquées et de Palais

BRODERIES, ÉTOFFES, BROCARTS

Mᵉ GASTON FRANÇOIS

COMMISSAIRE-PRISEUR

M· ARTHUR BLOCHE

EXPERT PRÈS LA COUR D'APPEL

CATALOGUE

DES

OBJETS D'ART DE L'ORIENT

Armes, Fers gravés et damasquinés

Faïences, Laques

MANUSCRITS AVEC MINIATURES

Broderies, Brocarts, Velours

PRÉCIEUX TAPIS DE PRIÈRE

de Mosquées et de Palais

à tissus de soie, veloutés et à reflets

DES XVIme. XVIIme & XVIIIme SIÈCLES

Curiosités diverses

DONT LA VENTE AURA LIEU

HOTEL DROUOT, SALLE N° 1

Le Lundi 19 Février 1912

À 2 HEURES

Mᵉ GASTON FRANÇOIS	M. ARTHUR BLOCHE
COMMISSAIRE-PRISEUR	EXPERT PRÈS LA COUR D'APPEL
23, Rue Le Peletier	21, Boulevard Haussmann

CHEZ LESQUELS SE DISTRIBUE LE PRÉSENT CATALOGUE

EXPOSITION PUBLIQUE :

Le Dimanche 18 Février 1912, de 2 heures à 5 heures 1/2

CONDITIONS DE LA VENTE

———

Elle sera faite au comptant.

Les acquéreurs payeront *dix pour cent* en sus des enchères.

L'exposition mettant le public à même de se rendre compte de l'état des objets, il ne sera admis aucune réclamation une fois l'adjudication prononcée.

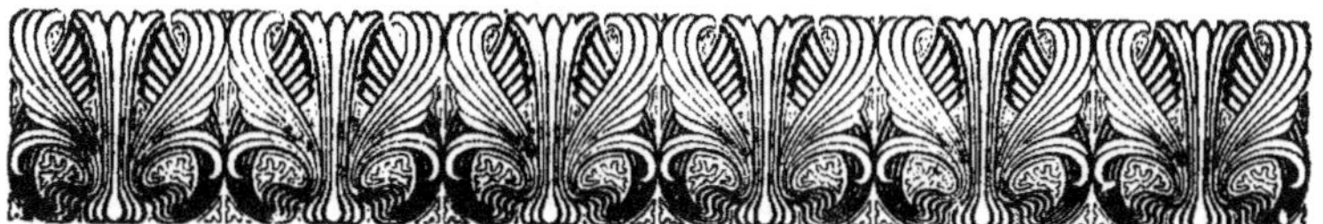

DÉSIGNATION

TAPIS ANCIENS DE PERSE

1 — Grand et magnifique tapis ancien Hérat à fond bleu, motifs de rosaces et cœurs fleuris avec entrelacs feuillagés, formant comme un treillis en polychrome sur fond gros bleu, offrant au centre une grande rosace en forme d'étoile se détachant dans un encadrement d'arabesques sur fond jaune.

Long. : 5^m35 ; Larg. : 2^m65.

2 — Tapis royal en tissu velouté et à reflets, fond jaune d'or, à dessins variés en polychrome, écoinçons gros bleu et bordure à cinq rayons, d'une facture remarquable.

Long. : 2^m6o ; Larg. : 1^m40.

3 — Très beau tapis de prière de Sineh, tissu mi-soie, offrant dans une harmonie de coloris remarquable un grand losange fond clair, avec médaillon au centre à fond bleu de même ton que les écoinçons. La bordure présente un enchaînement de petits motifs.

4 — Beau tapis Mogadem à deux médaillons de forme octogonale sur fond gros, bleu à dessins variés, bordure fond jaune à deux rayons. Travail ancien.

5 — Tapis de Sineh, tissu velouté fond bleu, dessin limaces, à deux médaillons fond clair, rosaces fleuries, bordure fond jaune. Travail ancien.

6 — Tapis de prière fond gros bleu, avec médaillon et écoinçons fond clair, bordure de même nuance à petits dessins polychromes. Travail ancien.

7 — Tapis de table de forme presque carrée, Férahan fond gros bleu, tissu velouté avec motifs fleuris en polychrome. Travail ancien.

8 — Petit tapis noir à reflets, fond rouge, dessin serpentin, avec bordure claire à rinceaux contrariés en polychrome. Travail ancien.

9 — Beau tapis de prière tissu soie, offrant dans une arcade des animaux de toutes espèces, des bêtes et figures symboliques se détachant en clair sur fond rouge et dans la bordure des animaux de toutes espèces entrecoupés de motifs fleuris et feuillagés.

10 — Grand et beau tapis ancien Férahan, tissu très fin, souple et velouté, dessin en polychrome, fond gros bleu.

Long. : 6m50; Larg. : 2m90.

11 — Tapis ancien du Khorassan, tissu très souple, fond clair, dessin polychrome.

Long. : 3m; Larg. : 1m60.

12 — Tapis ancien Férahan bleu foncé, bordure fond vert, à motifs multicolores.

Long. : 3m; Larg. : 1m60.

13 — Tapis ancien Hériz à dessin polychrome sur fond
clair. Pièce rare.

> Long.: 4m20 ; Larg.: 2m15.

14 — Tapis ancien Férahan, dessin polychrome sur fond
gros bleu.

> Long. : 2m95 ; Larg. : 1m45.

15 — Tapis chemin ancien Férahan fond gros bleu, décor
polychrome.

> Long. : 3m ; Larg. : 0m90.

16 — Tapis ancien très fin, Férahan fond bleu, dessin
polychrome, bordure fond blanc.

> Long.: 3m30 ; Larg. : 1m85.

17 — Tapis chemin ancien de Férahan, décor polychrome
à petits médaillons.

> Long.: 3m ; Larg.: 1m.

18 — Tapis Sineh fond bleu clair, avec médaillon quadrangulaire au centre, fond rouge, bordures à trois
rayons, dessin polychrome, à double face et ancien.

19 — Très petit tapis Sineh à trois rayons de palmes
polychromes sur fond blanc.

20 — Joli tapis de prière Aamadan, tissu velouté à reflets
avec rosace au centre, fond jaune à petits dessins et
comme la bordure à motifs fleuris. Travail ancien.

21 — Tapis de prière à double face, dessin polychrome,
avec médaillon losange fond rouge sur contrefond
blanc à semis de fleurs.

22 — Tapis Sineh, tissu à reflets, gros bleu à palmes,
bordure fond rouge à arabesques.

23 — Tapis du Belouchistan, tissu velouté à reflets, fond
rouge, dessin à palmes disposées en diagonale, bordure
fond blanc.

24 — Dessus de coussin rectangulaire, fond havane, avec
médaillon et écoinçons, fond bleu à semis de fleurs.

25 — Tapis Farahan fond bleu à petits dessins, bordure à
arabesques, polychromes.

26 — Très petit tapis fond havane, médaillon losange au
centre, et écoinçons gros bleu, dessin polychrome.

27 — Tapis Hamadan, fond gros bleu à fleurs et motif
polychromes, bordure fond clair à fleurs.

28 — Tapis Sineh à double face, fond blanc avec médaillon fond rouge au centre et écoinçons gros bleu,
dessin polychrome.

29 — Dessus de selle velouté, fond noir au centre, dessin
multicolore, encadrement fond jaune à motifs variés.

30 — Petit tapis de prière Hamadan, centre en losange
avec médaillon carrelage, bordure à trois rayons,
dessin varié.

31 — Petit tapis Sineh, médaillon losangé, fond clair au
centre, contre fond et bordure à petits dessins variés.

32 — Tapis Sineh à double face, fond bleu, avec |losange
fond rouge, et médaillon quadrangulaire au centre
fond blanc, semés de petits dessins en polychrome.

33 — Tapis galerie en tissu velouté, gros bleu, fond semis
de fleurs.

34 — Tapis chemin Saraben, dessin à palmettes.

Long. : 5ᵐ85 ; Larg. : 1ᵐ05.

35 — Tapis chemin Hamadam, fond blanc, dessin à grandes palmettes.

ETOFFES, BRODERIES, BROCARTS

36 — Joli tapis de prière en ancien velours rouge, richement brodé de fils d'or, médaillons et arabesques de fleurs et de feuillages.

37 — Joli tapis de prière en drap noir brodé de fils d'argent, à grand médaillon avec rosace au centre et bordure à arabesques fleuries et oiseaux. Travail ancien.

38 — Petit tapis rectangulaire, en velours de Scutari, brodé d'argent, offrant au centre un médaillon au lion de Perse. Travail ancien.

39 — Portière de mosquée en soie rose, pailletée, dessin à pomme de pin au centre, fond à arabesques, bordure quadrillée. Travail ancien.

40 — Beau tapis de prière en velours rouge étincelant de broderies en relief, avec reflets de toutes especes de pierreries, dessin à fleurs, oiseaux et grand médaillon au centre.

41 — Petit tapis de table en soie rouge ancienne, pailletée.

42 — Portière en soie orange, encadrée de soie verte, dessin pailleté. Travail ancien.

43 — Tapis de table en drap brodé, fond rouge, dessin mosaïque.

44 — Tapis dessin archaïque, polychrome à fleurs, brodé de soie sur fond de toile blanche piquée.

45 — Deux gilets persans, brodés à dessins variés en polychrome.

46 — Petit tapis carré en velours rouge, brodé d'argent et de soie, dessin à rosace, fleurs et feuillages.

47 — Petit tapis rond en broderie de soie et à paillettes sur fond de fil de lin avec inscriptions hébraïques. Travail ancien.

48 — Gilet persan, broderie à rayons en polychrome. Travail ancien.

49 — Deux embrasses en broderie sur fond de lin et sur fond de soie.

5o — Deux embrasses en broderie sur fond de lin et sur fond de soie.

5ı-5ʒ — Deux dessus de coussins en drap brodé, dessins mosaïques.'

53 — Gilet persan brodé, dessin par rayons à parterre de fleurs.

5ʒ — Cinq pochettes en velours et soierie brodés.

55 — Napperon en broderie de soie blanche sur fond de gaze.

56 — Deux dessus de coussin de même travail.

57 — Six petites serviettes en soie blanche, dessin en treillis.

58 — Six petites serviettes ovales en broderie de soie blanche, dessin à inscriptions.

59 — Six autres de forme carrée.

60 — Portière en drap d'or, à semis de palmes, brochée avec pommes de pin et paons au centre.

61 — Tapis rectangulaire broché à fleurs sur fond rouge, bordure fond clair. Travail ancien.

62 — Petit tapis carré, dessin à palmes, sur fond jaune tissé d'or.

63 — Tapis carré, fond vert et or, à semis de fleurs. Travail ancien.

64 — Couvre-lit fond d'or, à semis de petites roses.

65 — Tapis carré en gaze rouge, broché d'or. Travail ancien.

66 — Deux petits tapis, fond jaune et fond bleu, dessin à fleurs.

67 — Portière, ancien velours de Kachan, dessin archaïque à pomme de pin et oiseaux.

68 — Couvre-lit en soie à dessin polychrome avec médaillon losange, fond rouge au centre.

69 — Tapis en velours Kachan, dessin pomme de pin sur fond rouge.

70 — Deux petits tapis en velours Kachan, dessins variés. Travail ancien.

71 — Petit tapis, fond jaune, dessin à palmes fleüries.

72 — Tapis en soie, dessin à carreaux.

73 — Trois fragments de tapis du xvie siècle, en laine et en soie.

74 — Coussin tissus de soie, dessin à rosaces.

75 — Huit panneaux en toile imprimée de Perse.
Sera divisé.

ARMES

76 — Armure en fer gravé et incrusté, composée de trois pièces. Travail persan.

77 — Beau poignard à lame de Damas incrustée d'or, poignée en ivoire ornée de peinture sur fond d'or, xviie siècle.

78 — Service de chasse de deux couteaux à lames de Damas incrustées d'or, manches ivoire garnis d'or pur, xviie siècle.

79 — Sabre à lame courbe de Damas, poignée inscrustée d'or à inscription, xviie siècle.

80 — Hache en fer gravé et damasquiné d'or, xviiie siècle.

81 — Poignard à lame courbe en fer gravé et à gouttière, poignée en ivoire sculpté offrant des scènes à personnages, xviie siècle.

82-83 — Deux poudrières gravées, xviie siècle.

84 — Pistolet ancien avec canon et batterie, incrustés d'or.

85 — Brassard ancien en fer incrusté d'or.

86 — Ancien fusil à canon de Damas, avec cachet de maître, orné ainsi que la batterie de damasquinure d'or.

87 — Deux poignards anciens.

OBJETS EN FER

DAMASQUINÉ ET GRAVÉ

88 — Deux vases à gorge évasée et à deux anses gravés et incrustés, décor à fleurs et feuillages.

89 — Miroir sur pied élévé en fer gravé et incrusté, décor : figures et inscriptions.

90 — Poire avec feuillages formant presse-papier en fer uni.

91 — Petit vase orné d'incrustations de turquoises.

92 — Petit bougeoir orné de turquoises.

LAQUES, MANUSCRITS

MINIATURES

93 — Coffret en laque de Perse, décor à scène d'audience, rehaussé d'or, xviiie siècle.

94 — Boîte oblongue en laque de Perse, décorée d'oiseaux, de fleurs et d'inscriptions, xviiie siècle.

95 — Bel écritoire en laque de Perse décoré de figures de femmes et d'ornements simulant la damasquinure, xviiie siècle.

96 — Monture de miroir en laque fine, dessin à inscriptions, fleurettes et arabesques, xviiie siècle.

97-98 — Deux reliures de livres en laque de Perse, décors variés, très délicats.

99 — Deux coffrets anciens, laque de Perse.

100 — Deux montures de miroirs, décor à fleurs.

101 — Boîte à gants, décor à personnages. Travail ancien.

102 — Deux écritoiree en laque de Perse, décorés de personnages et de fleurs.

103 — Manuscrit : Poésies de Hafiz enrichi de cinq miniatures à sujets allégoriques et quatre pages enluminées en couleurs sur fond d'or.

104 — Koran manuscrit en noir pour l'arabe et en rouge pour la traduction persane, enrichi de huit miniatures, daté de 1128 de l'Hegire. reliure fine en laque.

105 — Ancien manuscrit : Poésies d'Apli de Chiraz avec huit miniatures.

106 — Ancien manuscrit: Poésies de Hadji Molla, enrichi de quatre miniatures.

107 — Ancien manuscrit historique avec quatre miniatures.

108 — Ancien livre de prières, précieux manuscrit arabe, enrichie de quatre miniatures, texte rehaussé d'or.

109 — Deux miniatures persanes : Personnages se promenant, encadrées.

110 — Deux miniatures persanes : Guerrier et femme se promenant, encadrées.

111 — Trois miniatures représentant des personnages en diverses attitudes, encadrées.

112 — Miroir avec monture en incrustations d'ivoire, décor dit mosaïque. Travail ancien.

113 — Coffret très finement décoré d'incrustations dites mosaïque, xviiie siècle.

114 — Petit coffret en bois sculpté à fleurs.

115 — Petit guéridon, travail dit mosaïque.

116 — Coffret de même travail et ancien.

117 — Miroir avec monture de même travail et ancien.

118 — Toilette en ancienne mosaïque à dessin, très délicat.

119 — Balance avec ses poids et sa boîte.

120 — Ancien coffret garni de fer avec garniture du xvie siècle.

121 — Dix cartes en laque de Perse, décor à personnages.

122 — Mandoline en laque de Perse, décor polychrome.

123 — Violon persan, orné d'incrustations d'ivoire et de nacre.

124 — Cythare persane, travail dit mosaïque.

125 — Deux flûtes, décor laque de Perse.

126 — Dix pierres gravées : cornalines et autres.

FAIENCES ANCIENNES DE PERSE

127 — Potiche fond gris craquelé, décor fleurs en bleu, xvie siècle.

128 — Vase presque sphérique, décor à arabesques entrelacées, en bleu, xvie siècle.

129 — Pichet décor en relief à figures et oiseaux.

130 — Vase décor : plantes, en bleu, fond craquelé, xvie siècle.

131 — Plat décor polychrome à fleurs et feuillages.

132 — Deux petits vases, l'un fond blanc, l'autre fond gris, décor en bleu.

133 — Potiche décor bleu sur blanc, xvie siècle.

134 — Bol et compotier en vieux Chine, décor par rayons fond gros bleu et fond blanc à fleurs.

135 — Potiche décor paysages en bleu, xviie siècle.

136 — Deux petits vases, l'un fond brun et l'autre fond bleu.

137 — Vase ovoïde, dessin en diagonales bleues.

138 — Bol et pièce à épices, décor jaspé et marbré.

139 — Potiche décor en bleu sur fond gris, xvie siècle.

140 — Potiche décor bleu sur blanc, à fruits et feuilles, xviie siècle.

141 — Plaque de revêtrement, décor en relief, oiseaux de paradis à reflets métalliques.

142 — Plaque forme étoile à reflets métalliques.

143 — Deux carreaux, décors variés en polychrome.

144 — Deux autres à figures en polychrome.

145 — Deux plaques, décor à figures et arabesques.

146 — Deux carreaux, décor en relief à fleurs.

147 — Deux autres décorés de fruits et de salamandre.

TIMBRES-POSTES

148 — Collection de timbres-postes persans.

149 — Objets omis.

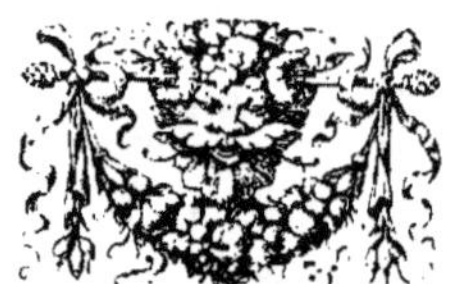